तन्हा रातें - VOL-1

श्रीराज मेनन

Copyright © Shreeraj Menon
All Rights Reserved.

This book has been published with all efforts taken to make the material error-free after the consent of the author. However, the author and the publisher do not assume and hereby disclaim any liability to any party for any loss, damage, or disruption caused by errors or omissions, whether such errors or omissions result from negligence, accident, or any other cause.

While every effort has been made to avoid any mistake or omission, this publication is being sold on the condition and understanding that neither the author nor the publishers or printers would be liable in any manner to any person by reason of any mistake or omission in this publication or for any action taken or omitted to be taken or advice rendered or accepted on the basis of this work. For any defect in printing or binding the publishers will be liable only to replace the defective copy by another copy of this work then available.

क्रम-सूची

क्रम-सूची

क्रम-सूची

क्रम-सूची

क्रम-सूची

भूमिका

पुस्तक में लेखक द्वारा लिखित हिंदी कविताएँ और शायरी शामिल हैं। इसमें कविताएं, शायरी और प्रेरणादायक उद्धरण शामिल हैं।

इस पुस्तक में लेखक द्वारा लिखी गई कुछ कविताएँ और शायरियाँ हैं जो प्रेम, प्रकृति और जीवन के सामान्य दैनिक पहलुओं पर आधारित हैं। कुछ प्रेरक प्रसंग भी हैं। प्यार में पाया गया प्यार, खोया हुआ प्यार और फिर से जगा हुआ प्यार शामिल है। इसी तरह, प्रकृति में प्रकृति का महत्व है और लोग बिना किसी दुष्प्रभाव के प्रकृति का अपने फायदे के लिए दुरुपयोग करते हैं। सामान्य में जीवन के सामान्य पहलू होते हैं जो लोगों और परिवेश के साथ चलते हैं।

पावती (स्वीकृति)

मैं अपने उन दोस्तों को धन्यवाद देना चाहता हूं जिन्होंने मुझे कविताएं और शायरी लिखने के लिए प्रेरित किया, जिसे मैं कहता था और भूल जाता था। मैं Your Quote प्लेटफॉर्म और उसके सभी सदस्यों और समूहों को भी धन्यवाद देना चाहता हूं जिन्होंने मुझे अनुमति दी और मुझे इसके मंच पर अपनी सामग्री लिखने के लिए प्रेरित किया। मैं नोशन प्रेस और उसके सभी सदस्यों को भी धन्यवाद देना चाहता हूं जिन्होंने मुझे अपनी सामग्री को अपने मंच और समय-समय पर मार्गदर्शन के माध्यम से प्रकाशित करने की अनुमति दी, जो उन्होंने मुझे मेरी त्रुटियों को ठीक करने के लिए दिया।

1. अहबाब

अहबाब • احباب
Ahbaab
(FRIENDS)
अहबाब बिना यह ज़िन्दगी अधूरी है
यही है वो दौलत जो हमने कमाया है
— Raj
@tanharaatein

2. पैग़ाम-ए-इश्क़

ऐ कबूतर मेरे पहुँचाना मेरे पैग़ाम-ए-इश्क़ को
दिलरुबा मेरा तुम्हारा इंतजार कर रहा है
— Raj
पैग़ाम-ए-इश्क़ •
PAIGHAAM-E-ISHQ
(MESSAGE OF LOVE)
@tanharaatein
YourQuote.in

3. अक़साम

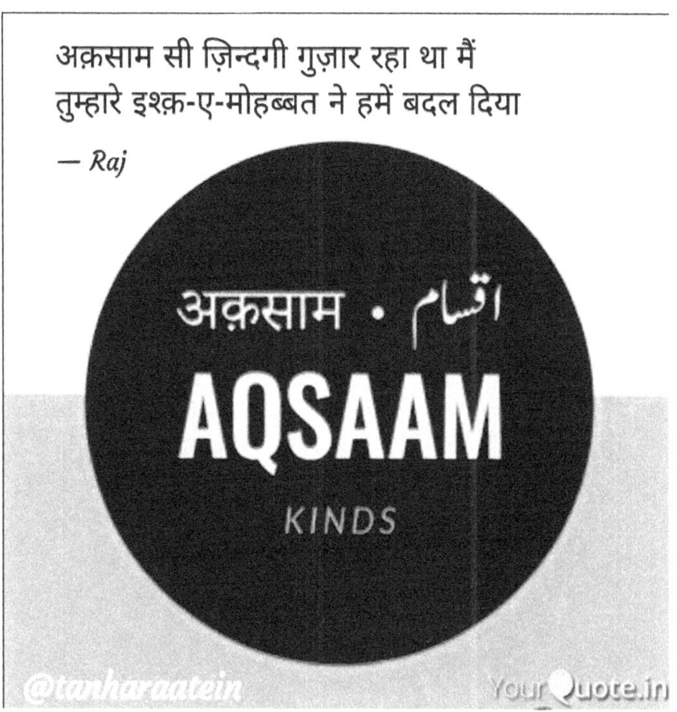

अक़साम सी ज़िन्दगी गुज़ार रहा था मैं
तुम्हारे इश्क़-ए-मोहब्बत ने हमें बदल दिया

— *Raj*

4. औक़ात

औक़ात की बात तुम कर रहे हो और हम
मोहब्बत की बातें किया करेंगे
— Raj   औक़ात · اوقات
AUQAAT
(TIMES)
@tanharaatein
YourQuote.in

5. बद-अहद

बद-अहद • بد عهد
BAD - AHD
(PROMISE - BREAKER)
बद-अहदों की कमी नहीं है इस दुनिया में
एक ढूंढ़ने जाओ तो हज़ार मिल जाते हैं
— Raj
@tanharaatein
YourQuote.in

6. एलानिया

बेपनाह मोहब्बत का एलानिया हो गया हो
और मानो दिल को सुकून मिल गया हो
— Raj
एलानिया
ELAANIYA
Publicly, openly
@tanharaatein
YourQuote.in

7. मंज़िल-ए-ग़म

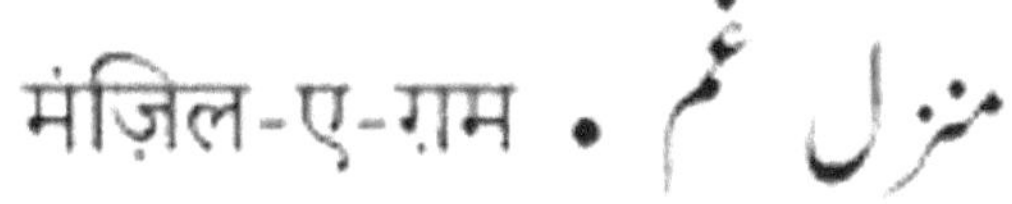

मंज़िल-ए-ग़म
منزل غم
MANZIL-E-GAM
(DESTINATION OF SORROW)
बेपन्हा मोहब्बत तुमसे हमने किया
मंज़िल-ए-ग़म पर हमें छोड़ दिया
— Raj
@tanharaatein
Your Quote.in

8. राहत

बेशुमार दर्द देकर तुम्हे तो राहत मिल गयी होगी
खुदा से डर ऐ ज़ालिम कभी तो तेरी भी वक़्त होगी
— Raj

राहत • راحت

RAAHAT

(comfort)

@tanharaatein
YourQuote.in

9. किब्र

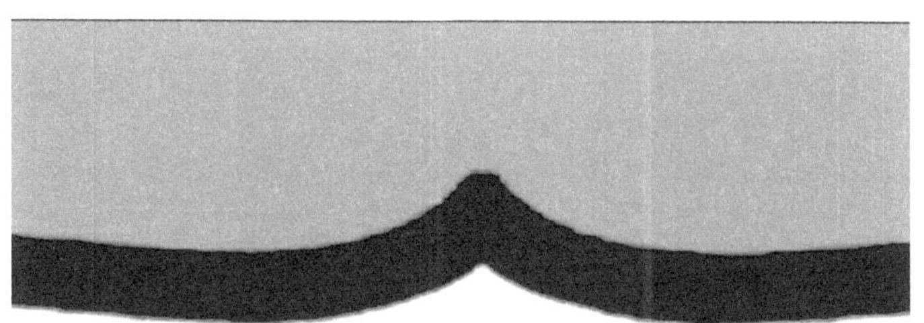

भारत और उसकी संस्कृति जैसा कोई नहीं इस दुनिया में
हमें बेपनाह मोहब्बत और किब्र हैं अपने भारतीय होने की

— *Raj*

किब्र - KIBR - کبر

(PRIDE)

@tanharaatein

10. हुब्ब

दास्ताँ-ए-हुब्ब हम किसे सुनाएँ यह समझ नहीं आ रहा
जो भी यहाँ है वो दर्द-ए-दिल की दास्ताँ लिए बैठे हैं
— Raj
हुब्ब - HUBB - حب
(LOVE)
@tanharaatein
YourQuote.in

11. इंस

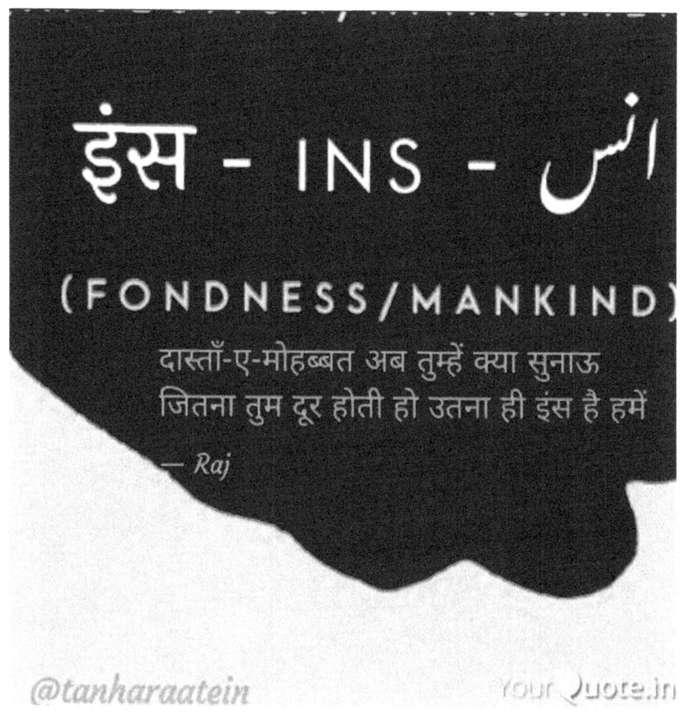

इंस - INS - انس

(FONDNESS/MANKIND)

दास्ताँ-ए-मोहब्बत अब तुम्हें क्या सुनाऊ
जितना तुम दूर होती हो उतना ही इंस है हमें

— Raj

@tanharaatein

YourQuote.in

12. देर

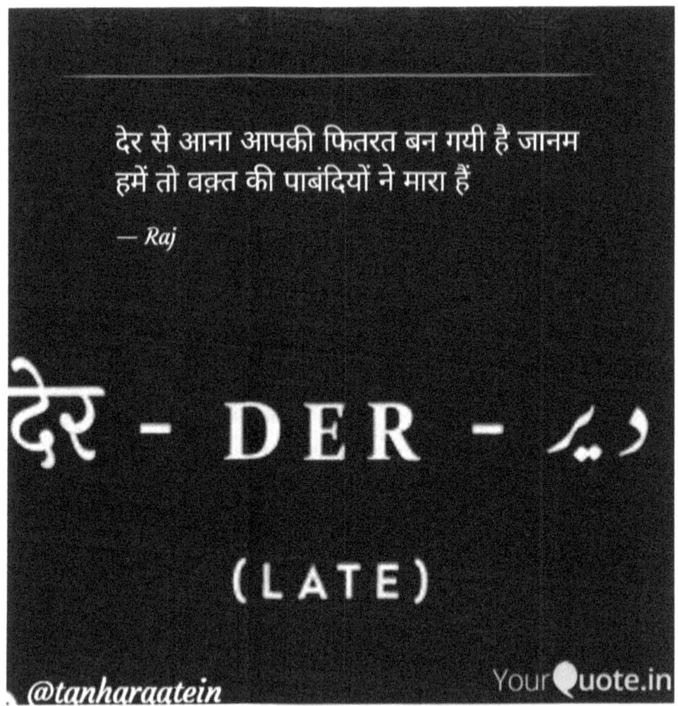

देर से आना आपकी फितरत बन गयी है जानम
हमें तो वक़्त की पाबंदियों ने मारा हैं

— Raj

देर - DER - دیر

(LATE)

@tanharaatein

YourQuote.in

13. मस्कन

दिल के मस्कन में रहना चाहता हूँ
काश तुम यह बात समझी होती
— Raj
मस्कन．مسکن
MASKAN
(ABODE)
@tanharaatein

14. सौत - ध्वनि

सौत | صوت

saut

sound / voice

[ध्वनि / आवाज़]

दिल की धड़कनों की सौत हमारी कानों में गूँज रही है
शायद तुम हमसे मोहब्बत कर बैठी हो

— Raj

@tanharaatein

YourQuote.in

15. शोला

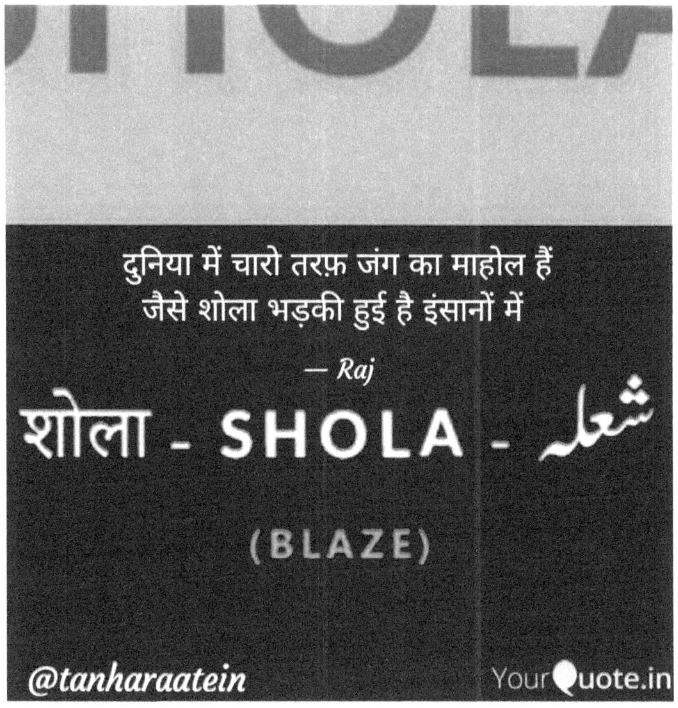

दुनिया में चारो तरफ़ जंग का माहोल हैं
जैसे शोला भड़की हुई है इंसानों में

— Raj

शोला - SHOLA - شعلہ

(BLAZE)

@tanharaatein

YourQuote.in

16. मुराद

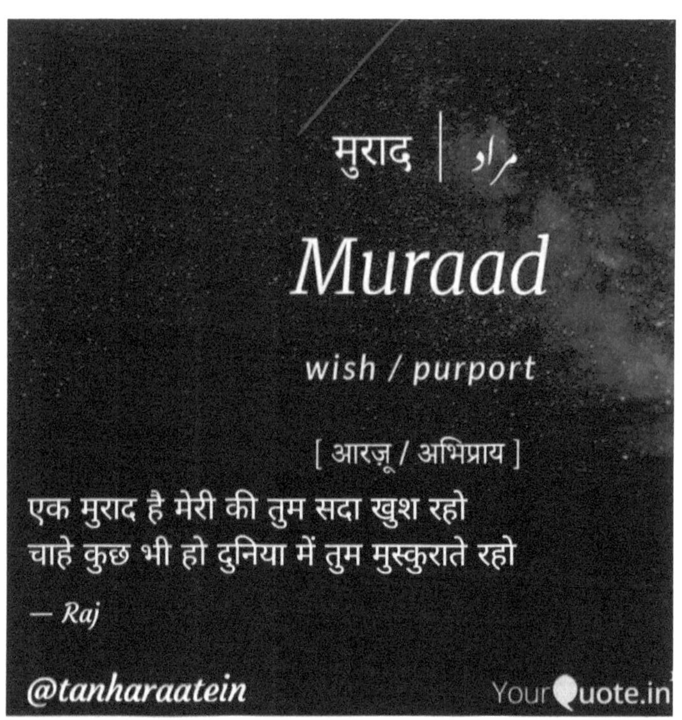

मुराद | مراد

Muraad

wish / purport

[आरज़ू / अभिप्राय]

एक मुराद है मेरी की तुम सदा खुश रहो
चाहे कुछ भी हो दुनिया में तुम मुस्कुराते रहो

— Raj

@tanharaatein
YourQuote.in

17. राज़

एक राज़ दिल में बसाये है कहीं साल से हम
कैसे कह दूँ तुम से बेइंतहा मोहब्बत हैं हम

— *Raj*

राज़ - RAAZ - راز

(SECRET)

@*tanharaatein*

18. एतिबार

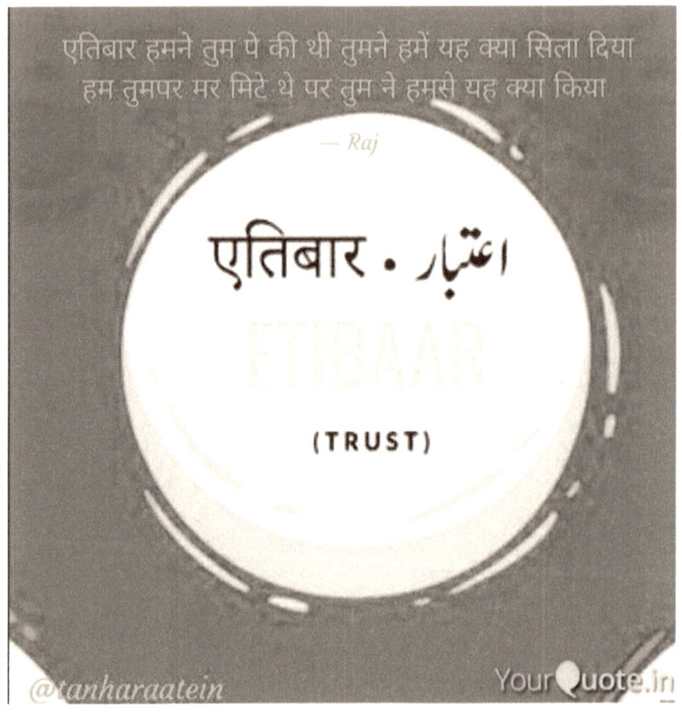

एतिबार हमने तुम पे की थी तुमने हमें यह क्या सिला दिया
हम तुमपर मर मिटे थे पर तुम ने हमसे यह क्या किया
— Raj
एतिबार . اعتبار
(TRUST)
@tanharaatein
YourQuote.in

19. ग़ाफ़िल

ग़ाफ़िल से ख़फ़ा होकर तुम दूर हुई हो हमसे अभी
खैर कोई बात नहीं तुम नहीं तो और सहीं

— *Raj*

ग़ाफ़िल - GHAFIL - غافل

(NEGLIGENT)

@tanharaatein

20. गर्दिश-ए-अय्याम

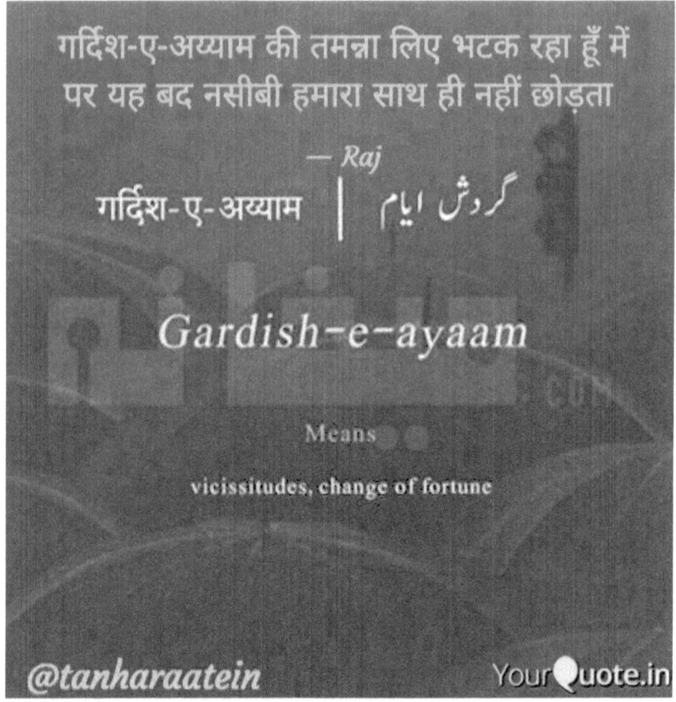

21. गुल-अंदाम

गुल-अंदाम • گل اندام

GUL-ANDAAM

(DELICATE, SLENDER)

गुल-अंदाम दिल मेरा यूँ तोड़ कर चल दिया
यह भी न सोचा की हमने कितना दर्द सहा

— *Raj*

@*tanharaatein*

22. मुज़क्कर

مُذَكّر · मुज़क्कर

MUZAKKAR

(MASCULINE)

हैं अगर मुज़क्कर तुम तो ना सताओ उसे
वो भी किसी की अमानत है खयाल रखो उसे

@tanharaatein   — *Raj*

23. बाद

बाद · باد

BAAD

(AIR / वायु)

हमारा इश्क़-ए-बाद दुनिया में फ़ैल चका हैं
यह मोहब्बत का असर नहीं तो क्या है

— *Raj*

@tanharaatein

24. आरज़ी

हमारे बीच की यह दूरिया आरज़ी है पलभर के लिए
लौट कर वापस आना ही है मेरे सनम हमेशा के लिए

— *Raj*

आरज़ी . عارضی

Aarzee

(TEMPORARY)

@tanharaatein

25. शमा

हमारे इश्क़ की रोशिनी इस क़दर फ़ैल चुकी है
अब यह शम्अ क्या बुझाएगी यह दुनिया

— *Raj*

शम्अ · شمع

SHAMA

(CANDLE / मोमबत्ती)

26. ता'मीर

ता'मीर • تعمیر

TA.AMEER

(CONSTRUCTION)

हमारे प्यार की ताजमहल का ता'मीर
हम ने अपनी ही बुनियाद पर बनाये हुए हैं

— Raj
@tanharaatein

YourQuote.in

27. दाख़िल

हमारी ज़िन्दगी में तुम्हारे दाख़िल होने से
प्रेम की रौनक और खुशहाली छाया गया
— Raj
दाख़िल
DAAKHIL
(admitted)
@tanharaatein
YourQuote.in

28. ग़ैर

हमने तुमको अपना समझकर ढेर सारा प्यार किया
पर तुमने तो हमें एक पल में ही ग़ैर कर दिया

— *Raj*

غَيْر . ग़ैर

GHAIR

(STRANGER, OUTSIDER)

29. ख़दशा

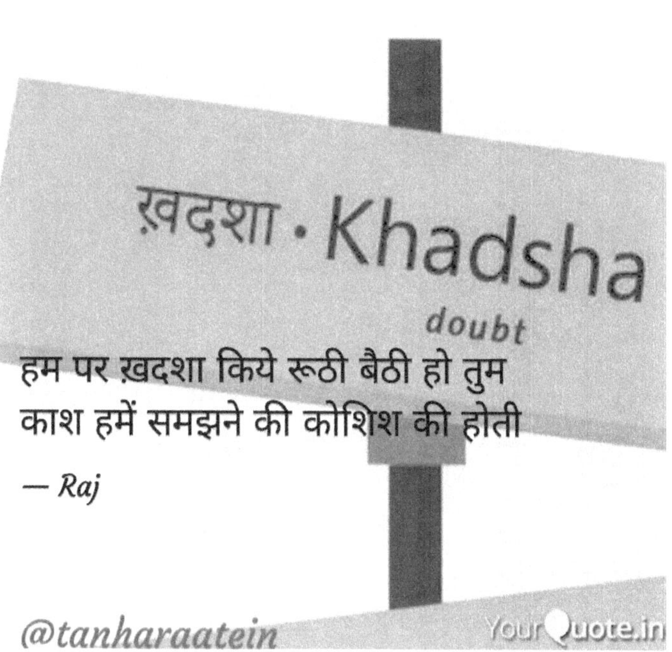

ख़दशा • Khadsha
doubt
हम पर ख़दशा किये रूठी बैठी हो तुम
काश हमें समझने की कोशिश की होती
— Raj
@tanharaatein
YourQuote.in

30. इल्तिमास

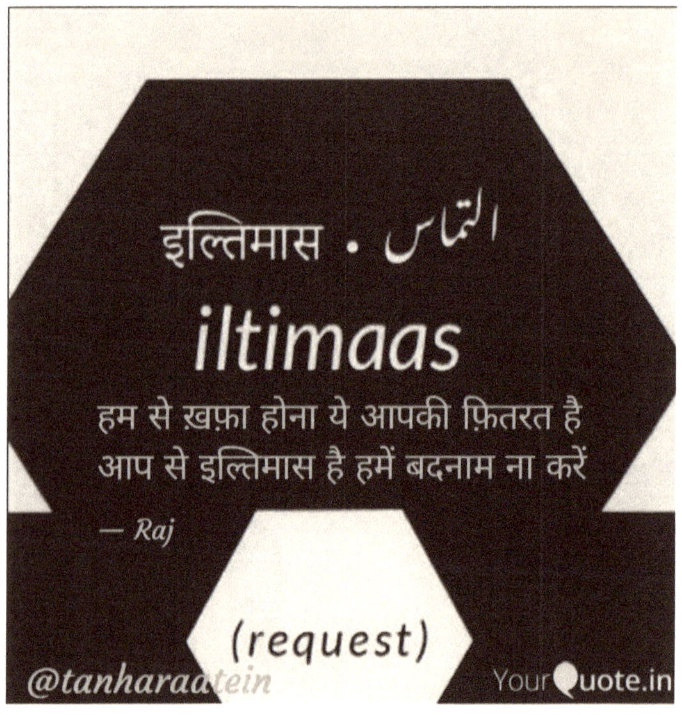

इल्तिमास • التماس
iltimaas
हम से ख़फ़ा होना ये आपकी फ़ितरत है
आप से इल्तिमास है हमें बदनाम ना करें
— Raj
(request)
@tanharaatein
YourQuote.in

31. शे'र

हर शे'र हम्हारे तुम्हारे यादों की हैं
दर्द भरें नगमों के संगीत का हैं
— Raj
शे'र . شعر
SHE'R
(COUPLET)
@tanharaatein
YourQuote.in

32. ज़रिया

ई-मेल के ज़रीये प्रेम पत्र लिखा था तुम्हें हमने
पर तुमने हमें जवाब ही नहीं दिया

— *Raj*

ज़रीया • ذریعہ

zariya

source

33. इश्तिहार

इश्क़-ए-मोहब्बत जो की है तुमसे ऐ सनम
इसका इश्तिहार पुरे गाँव में फैल चुका है

— *Raj*

इश्तिहार

ishtihaar

34. रुत

इश्क़-ए-मोहब्बत की रुत आया हैं
चलो हम इश्क़ की जाम पी लें

— *Raj*

@tanharaatein

35. इख़्तियार

इश्क़-ए-मोहब्बत में अपने दिल पर इख़्तियार नहीं रहा
तुम्हारी इज़हार-ए-मोहब्बत का इंतजार करते करते

— Raj

@tanharaatein

36. दस्तियाब

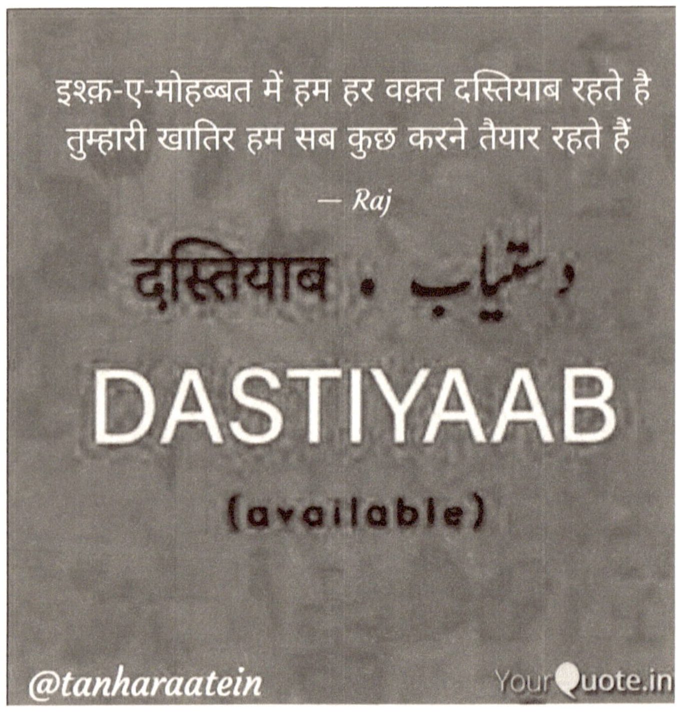

इश्क़-ए-मोहब्बत में हम हर वक़्त दस्तियाब रहते है
तुम्हारी खातिर हम सब कुछ करने तैयार रहते हैं
— Raj
दस्तियाब
DASTIYAAB
(available)
@tanharaatein
YourQuote.in

37. इंतिहा

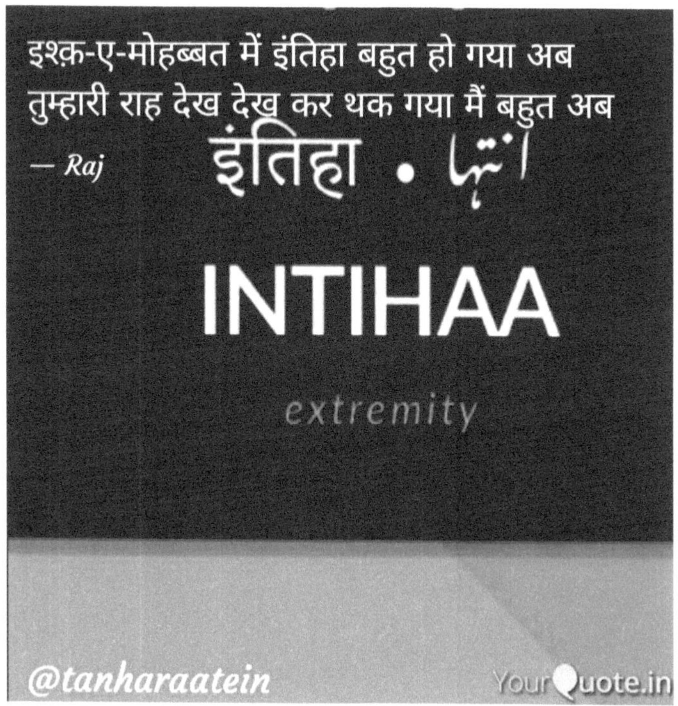

इश्क़-ए-मोहब्बत में इंतिहा बहुत हो गया अब
तुम्हारी राह देख देख कर थक गया मैं बहुत अब
— Raj
इंतिहा
INTIHAA
extremity
@tanharaatein
YourQuote.in

38. जब्र

जब्र
jabr
compulsion / coercion
[बाध्यता]
इश्क़-ए-मोहब्बत में कोई जब्र नहीं सनम
तुमसे मोहब्बत करता हूँ मैं यह इल्म है सनम
— Raj
@tanharaatein
YourQuote.in

39. हराम

हराम - **HARAAM**

(FORBIDDEN)

इश्क़ की राह पर चलते-चलते हम
हराम का रास्ते तय कर लिए

— *Raj*

40. पैग़ाम-ए-शबाब

पैग़ाम-ए-शबाब
PAIGHAAM-E-SHABAAB
(MESSAGE OF YOUTH)
इश्क़ पाक है किसी से दिल ना लगाना आज के ज़माने में
इश्क़ का तौहीन होगा यह पैग़ाम-ए-शबाब का हैं
— Raj
@tanharaatein
YourQuote.in

41. नज़्र

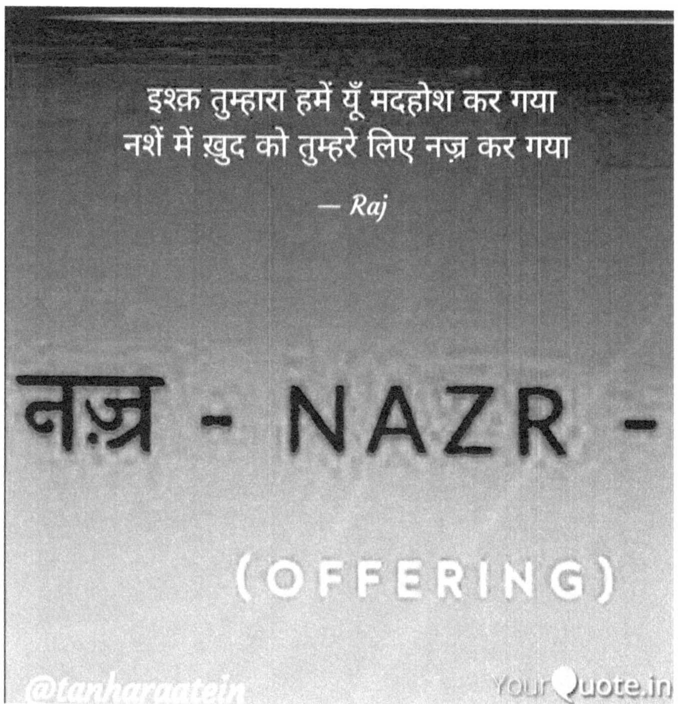

इश्क़ तुम्हारा हमें यूँ मदहोश कर गया
नशें में ख़ुद को तुम्हरे लिए नज़्र कर गया
— Raj
नज़्र - NAZR -
(OFFERING)
@tanharaatein
YourQuote.in

42. सफ़्हात

जब ज़िन्दगी के सफ़्हात पलट कर देखता हूँ
पता कुछ यूँ लग गया की हम कितने अधूरे हैं

— Raj

सफ़्हात • صفحات

SAFHAAT
(PAGES)

43. फ़र्दा

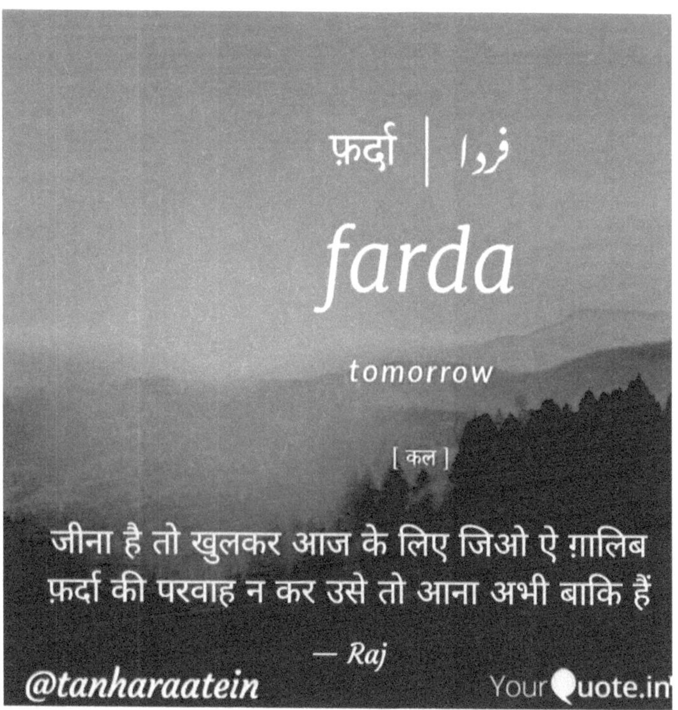

फ़र्दा | فردا
farda
tomorrow
[कल]
जीना है तो खुलकर आज के लिए जिओ ऐ ग़ालिब
फ़र्दा की परवाह न कर उसे तो आना अभी बाकि हैं
— Raj
@tanharaatein
Your Quote.in

44. ख़्वाब-गाह

ख़्वाब-गाह की बातें ख़्वाब-गाह में ही रहे तो अच्छा हैं
यह दुनिया के कानो तक पहुंचे ये बुरी बात हैं

— *Raj*

45. वक़ू

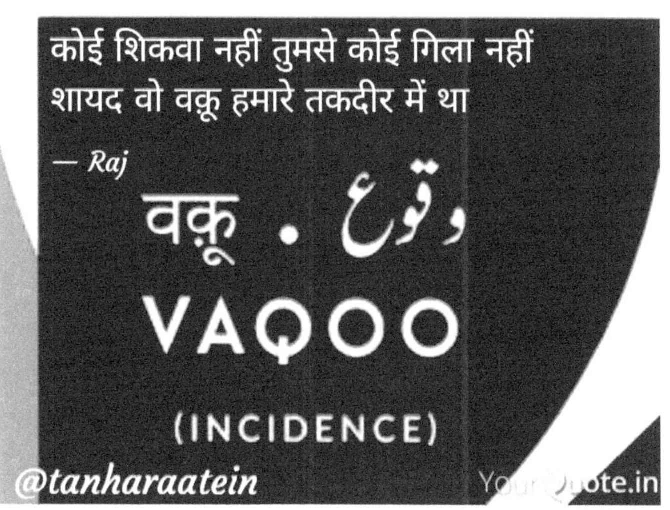

कोई शिकवा नहीं तुमसे कोई गिला नहीं
शायद वो वक़ू हमारे तकदीर में था
— Raj
वक़ू . وقوع
VAQOO
(INCIDENCE)
@tanharaatein
YourQuote.in

46. माहताब

माहताब सा चेहरा तुम्हारा और कोकब सी आँखें
मदहोश कर गया हमें तुम्हारे इश्क़-ए-मोहब्बत में

— Raj

माहताब • ماہتاب

Maahtaab

moon

@tanharaatein

YourQuote.in

47. शब

शब - SHAB - شب

(NIGHT)

मैं, तुम और यह जुगनू की जगमगाहट
हर सितारों वाली शब एक नया एहसास दिलाता है

— Raj

@tanharaatein

YourQuote.in

48. दिल-बर

मेरे दिल-बर सनम तुम्हारा इंतज़ार करते करते
अब तो दीदार भी मुश्किल सा हो गया हैं

— *Raj*

दिल-बर • دلبر
DIL-BAR
(BELOVED, LOVER)

49. गुल-बदन

मेरे गुल-बदन नाज़ुक सी कली हो तुम
हम तुम्हारे प्यार में भंवरा बन भटक रहा हैं
— *Raj*

गुल-बदन • گل بدن

GUL-BADAN

(GRACEFUL, DELICATE)

मेरी ज़िन्दगी की पहली ख़ूबसूरत ख़ातून हो तुम
तुम्हे भूल पाना मुश्किल ही नहीं नामुमकिन हैं

— *Raj*

ख़ातून • خاتون

Khatoon

lady

@tanharaatein

51. फ़न

मीठी वाणी की तुम्हारी यह जो फ़न हैं
जरा हमें भी सीखा दो ताकि धोके से दूर रहें

— *Raj*
@tanharaatein

52. रज़ा

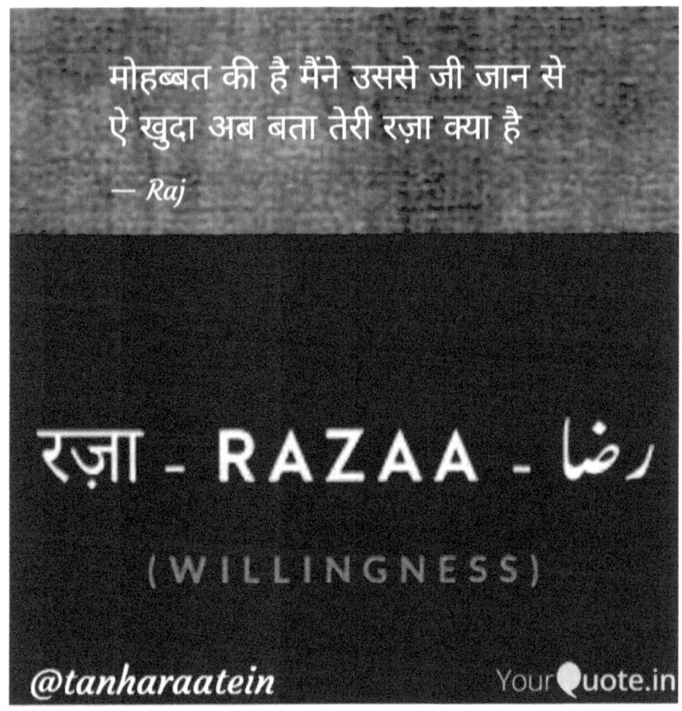

मोहब्बत की है मैंने उससे जी जान से
ऐ खुदा अब बता तेरी रज़ा क्या है
— Raj

रज़ा - RAZAA - رضا
(WILLINGNESS)

@tanharaatein
YourQuote.in

53. शक

मोहब्बत में ऐ सनम विश्वास का होना जरुरी हैं
शक की बुनियाद पर मोहब्बत का महल नहीं बनते हैं

— Raj

@tanharaatein

54. तीरगी

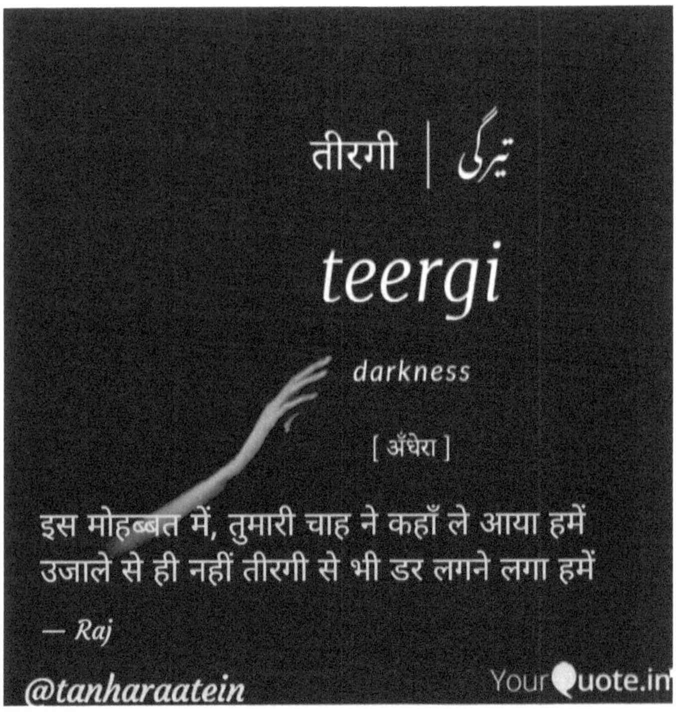

तीरगी | تیرگی
teergi
darkness
[अँधेरा]
इस मोहब्बत में, तुमारी चाह ने कहाँ ले आया हमें
उजाले से ही नहीं तीरगी से भी डर लगने लगा हमें
— Raj
@tanharaatein
YourQuote.in

55. अदना

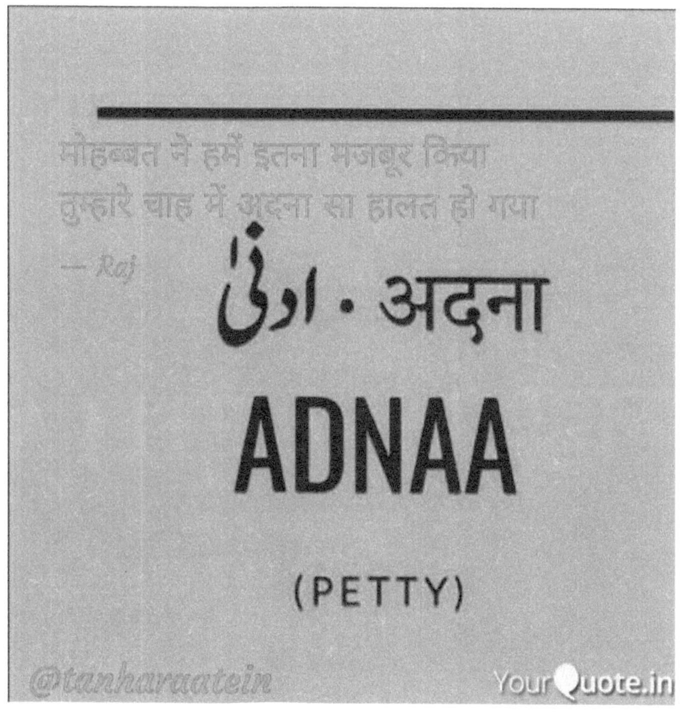

56. लेहजा

प्रेम के संगीत का लेहजा इतनी ऊँची होनी चाइये
घरवालें और लोगों तक ही नहीं पूरी दुनिया में गूँज उठे

— Raj

लेहजा - LEHJA

(TONE)

@tanharaatein
YourQuote.in

57. क़ुदरती

प्यार मोहब्बत क़ुदरती एहसास है जनाब
इसे जबरन आसील नहीं किया जा सकता

— *Raj*

58. रहज़न

रहज़न बनकर दिल में बैठी हो तुम
इश्क़-ए-मोहब्बत में दीवाने हुए हम

— *Raj*

रहज़न • رہزن

rahzan

hijacker

@tanharaatein

59. ख़्वाब

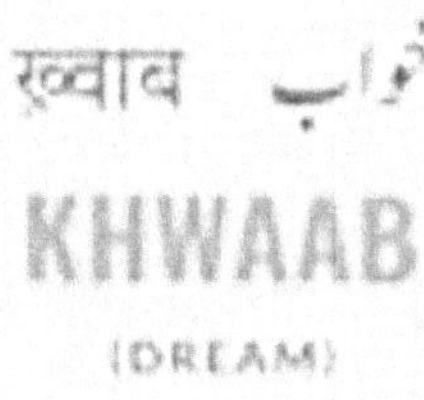

सारी रात हम तुम्हारे ही ख़्वाब में डूबे थे
मानो अब तुम्हारा साथ ही जीने का सहारा हैं

— *Raj*

@tanharaatein

60. मोहब्बत

सच्चे इश्क़-ए-मोहब्बत की हैं मैंने तुमसे
तुम समझ जाती तो दूर ना जाती हमसे

— *Raj*

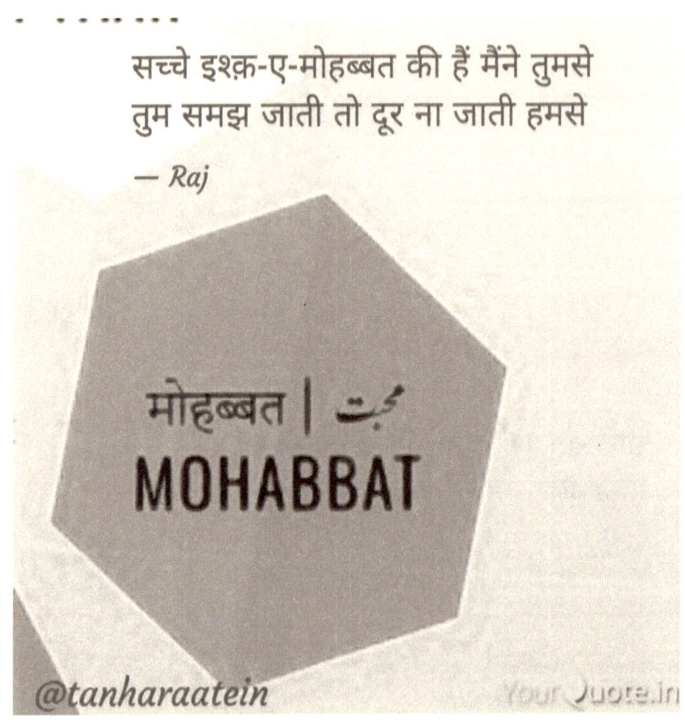

61. शिकस्त

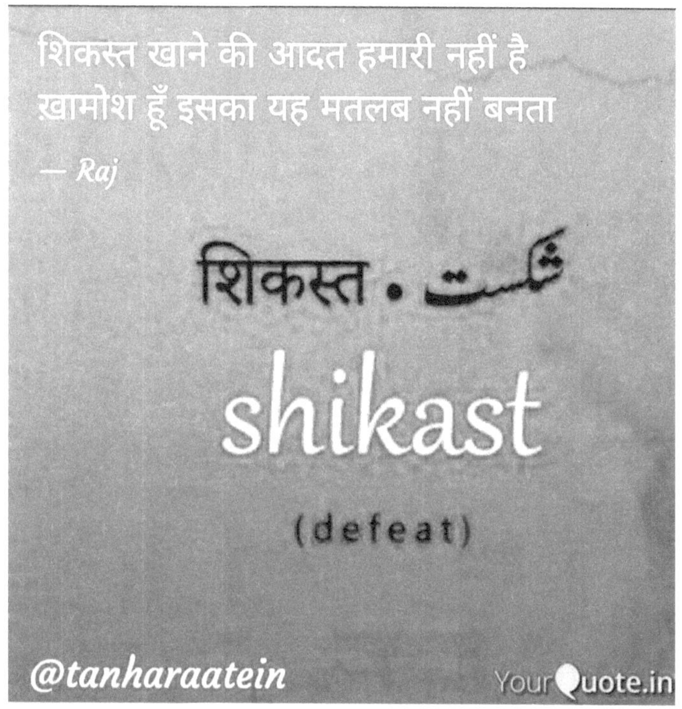

शिकस्त खाने की आदत हमारी नहीं है
ख़ामोश हूँ इसका यह मतलब नहीं बनता
— Raj
शिकस्त ۔ شِكَست
shikast
(defeat)
@tanharaatein
YourQuote.in

62. सुराग़

सुराग़ - SURAAG

(TRACE)

सुराग़-ए-दर्द दिल की तलाश जारी हैं
इसका मर्ज़-ए-दवा काश कोई ढूंढ पाए

— *Raj*

@tanharaatein YourQuote.in

63. सय्याद

सय्याद | صیاد

sayyaad

hunter

[शिकारी]

सय्याद बहुत है इस दुनिया में इश्क़ की गलियों में
इन के तीर से दिल को बचना मुश्किल है ज़माने में

— Raj

@tanharaatein

YourQuote.in

64. क़िस्म

क़िस्म ·
QISM
KIND
तुम्हारा दिल इतने क़िस्म हो
जिसे देखकर मैं दिवाना हुआ
— Raj
@tanharaatein
YourQuote.in

65. गुरूब

तुम्हारा प्यार यह समा और यह गुरूब
क्या नज़ारा हैं बड़ा अच्छा लगता हैं
— Raj
गुरूब ∙ غروب
GHUROOB
setting
(of the Sun, Moon)
@tanharaatein
YourQuote.in

66. दहलीज़

तुम्हारे इश्क़ में हम इतने माधमस्त हो गये
सब भूल कर सारें दहलीज़ पार कर गये

— *Raj*

दहलीज़ · دہلیز

DAHLEEZ

(THRESHOLD / डेवढ़ी)

@tanharaatein

67. मग़मूम

तुम्हारे जाने के उपरांत मैं इस क़दर मग़मूम हुआ
मानो लगता था सारा जहाँ साकिन सा हो गया

— *Raj*

मग़मूम ۔ مغموم

maghmoom

(grieved)

68. करम

तुम्हारे करम ना होता आज तो हम जी नहीं पाते
मोहब्बत जो किया ता तुमसे हम मर भी ना पाते
— *Raj*

करम - K A R A M -

(KINDNESS)

@tanharaatein

69. इबारत

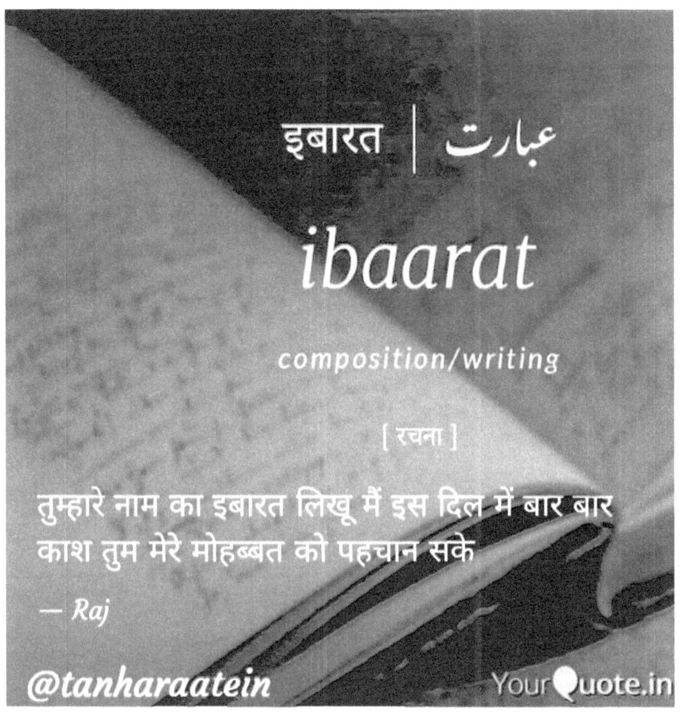

इबारत | عبارت
ibaarat
composition/writing
[रचना]
तुम्हारे नाम का इबारत लिखू मैं इस दिल में बार बार
काश तुम मेरे मोहब्बत को पहचान सके
— Raj
@tanharaatein
YourQuote.in

70. साग़र

तुम्हारे प्यार भी एक साग़र सा हैं
जो हमें हर जाम मदहोश कर रहा हैं
— Raj
साग़र - SAAGHAR
(WINE CUP)
@tanharaatein
YourQuote.in

71. मसरूर

तुम्हारे साथ होने से दिल मसरूर होता है
जी करता है सदा यूँ ही तुम साथ रहे
— Raj

मसरूर

masroor

(cheerful)

@tanharaatein
YourQuote.in

72. ज़ौक़-ए-शराब

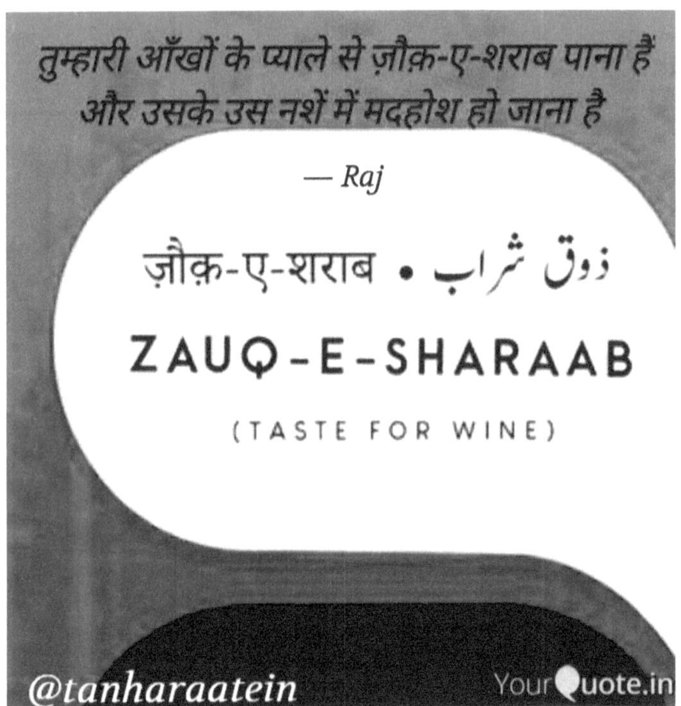

तुम्हारी आँखों के प्याले से ज़ौक़-ए-शराब पाना हैं
और उसके उस नशें में मदहोश हो जाना है

— Raj

ज़ौक़-ए-शराब

ZAUQ-E-SHARAAB

(TASTE FOR WINE)

@tanharaatein

YourQuote.in

73. नुमायाँ

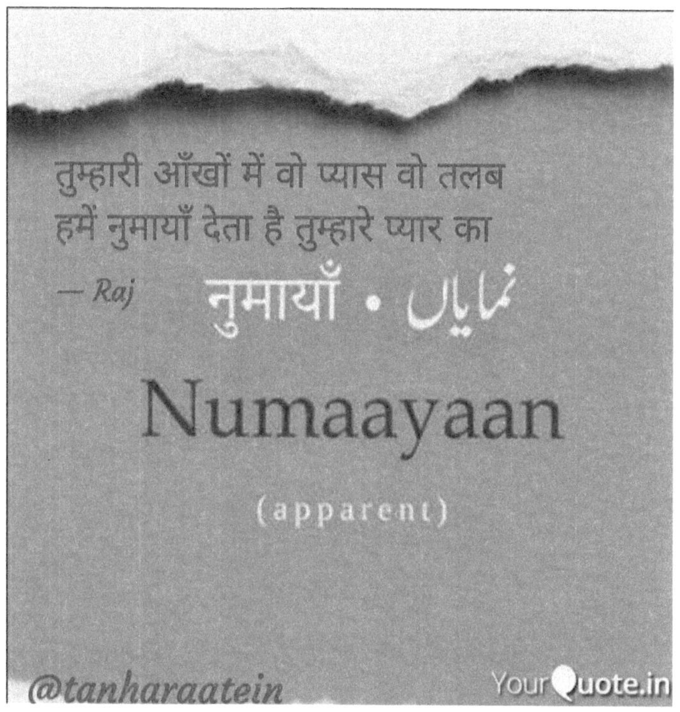

तुम्हारी आँखों में वो प्यास वो तलब
हमें नुमायाँ देता है तुम्हारे प्यार का
— Raj
नुमायाँ • نمایاں
Numaayaan
(apparent)
@tanharaatein
YourQuote.in

74. अग़राज़

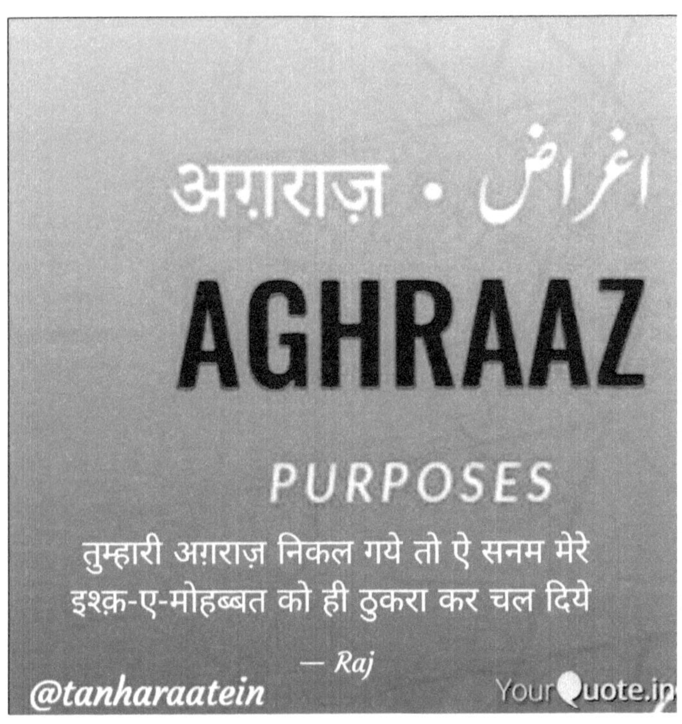

अग़राज़ • اغراض
AGHRAAZ
PURPOSES
तुम्हारी अग़राज़ निकल गये तो ऐ सनम मेरे
इश्क़-ए-मोहब्बत को ही ठुकरा कर चल दिये
— Raj
@tanharaatein
Your Quote.in

75. सदमा

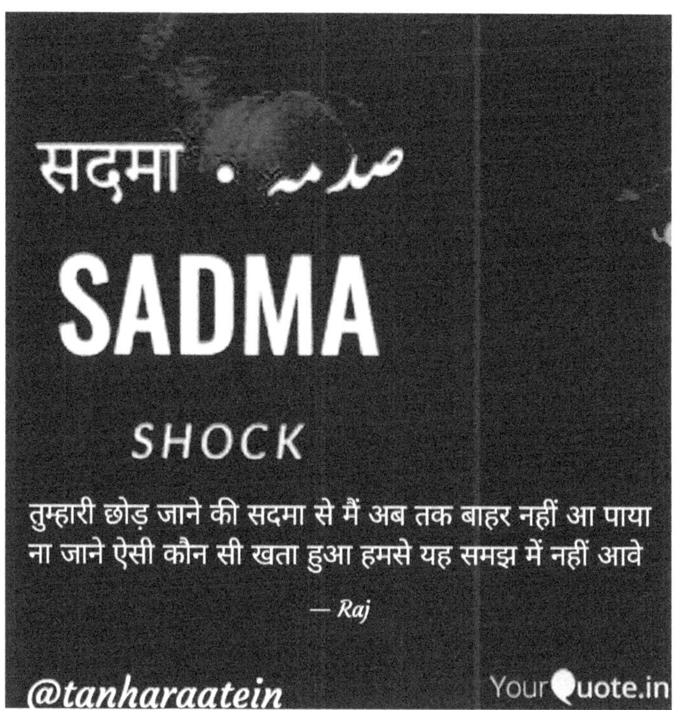

सदमा · صدمہ
SADMA
SHOCK
तुम्हारी छोड़ जाने की सदमा से मैं अब तक बाहर नहीं आ पाया
ना जाने ऐसी कौन सी खता हुआ हमसे यह समझ में नहीं आवे
— Raj
@tanharaatein
YourQuote.in

76. माक़ूल

माक़ूल - MAQOOL
(REASONABLE)
तुम्हारी हर सवाल इतने माक़ूल होते है
की जवाब देते देते थक सा गया हूँ मैं
— Raj
@tanharaatein
YourQuote.in

77. जल्वत

तुम्हारी जल्वत हमें बहुत अच्छा लगता है
दुआ है खुदा से हम कभी जुदा न हो जाये

— *Raj*

जल्वत ۰ جلوت

jalwat

(company)

78. सुकून

तुम्हारी मौजूदगी का एहसास भी बहुत है हमें
तमाम उम्र भर का सुकून पाने के लिए

— *Raj*

सुकून • سکون

SUKOON

(TRANQUILITY)

79. धुंध

तुम्हारी मोहब्बत के धुंध में मैं कहीं खो गया हूँ
बस इंतजार है की तुम मेरी ज़िन्दगी में आ जाये

— *Raj*

धुंध ·

DHUNDH

(FOG / धुंध)

80. अर्ज़

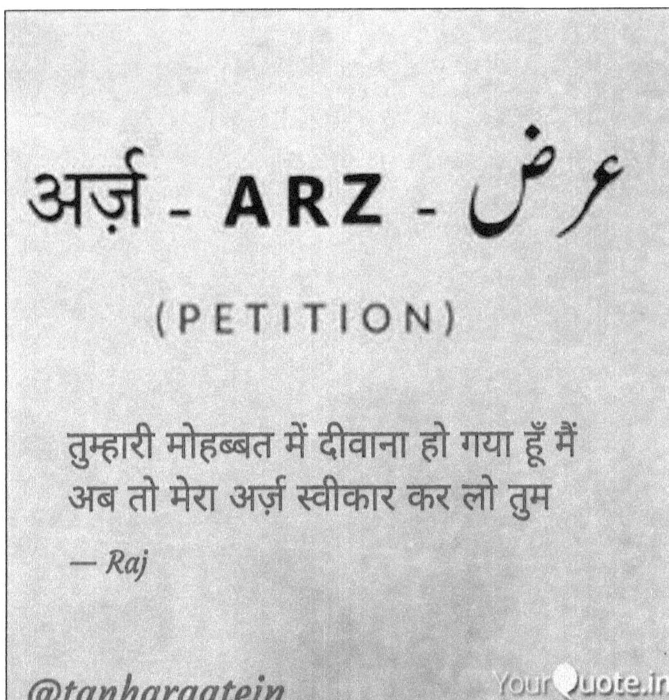

अर्ज़ - ARZ - عرض
(PETITION)
तुम्हारी मोहब्बत में दीवाना हो गया हूँ मैं
अब तो मेरा अर्ज़ स्वीकार कर लो तुम
— Raj
@tanharaatein
YourQuote.in

81. दूद

दूद • ,,,

DOOD

(SMOKE / धुआँ)

तुम्हारी नज़र में इतने दूद भरें हैं की
इश्क़-ए-मोहब्बत नज़र नहीं आयी

— *Raj*

@tanharaatein

82. इसबात

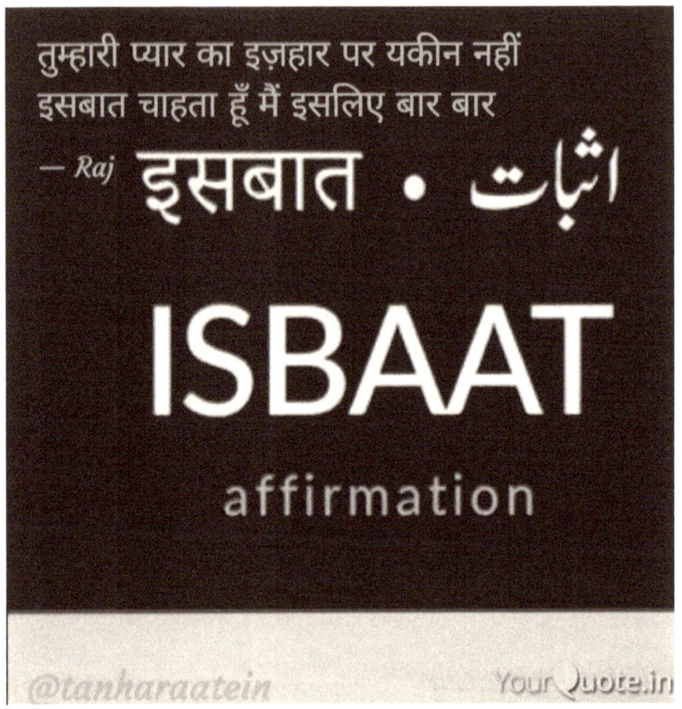

तुम्हारी प्यार का इज़हार पर यकीन नहीं
इसबात चाहता हूँ मैं इसलिए बार बार
— Raj इसबात · اثبات
ISBAAT
affirmation
@tanharaatein
YourQuote.in

83. सिफ़त

तुम्हारी सिफ़त जैसी कोई और नहीं दुनिया में
बस हम फ़िदा है तुमपर तुम्हारें इस प्यार में
— Raj

सिफ़त • صفت

sifat

(QUALITY)

84. तजल्ली

तुम्हारी तजल्ली का जवाब नहीं ऐ सनम
जिसके दीवाने हुआ है यह सारा जहाँ

— *Raj*

@tanharaatein

YourQuote.in

85. ताबनाक

तुम्हारी यह हसीन-ए-ताबनाक
तुम्हारी ओर आकर्षित करता है

— *Raj*

ताबनाक | تابناک

(BRILLIANT / प्रकाशमान)

@tanharaatein

86. बे-मुरव्वत

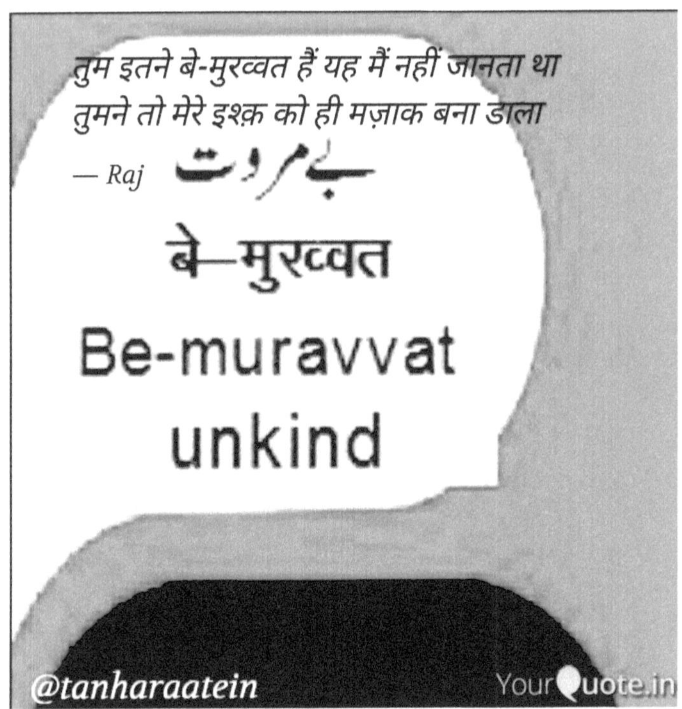

तुम इतने बे-मुरव्वत हैं यह मैं नहीं जानता था
तुमने तो मेरे इश्क़ को ही मज़ाक बना डाला
— Raj
बे—मुरव्वत
Be-muravvat
unkind
@tanharaatein
YourQuote.in

87. गुल

तुम मेरे गुलिस्तां का वो गुल हो
जिसे पाने के लिए मैं तरसता हूँ
— Raj
गुल ۰ گُل
gul
(flower)
@tanharaatein
YourQuote.in

88. ख़ारिज

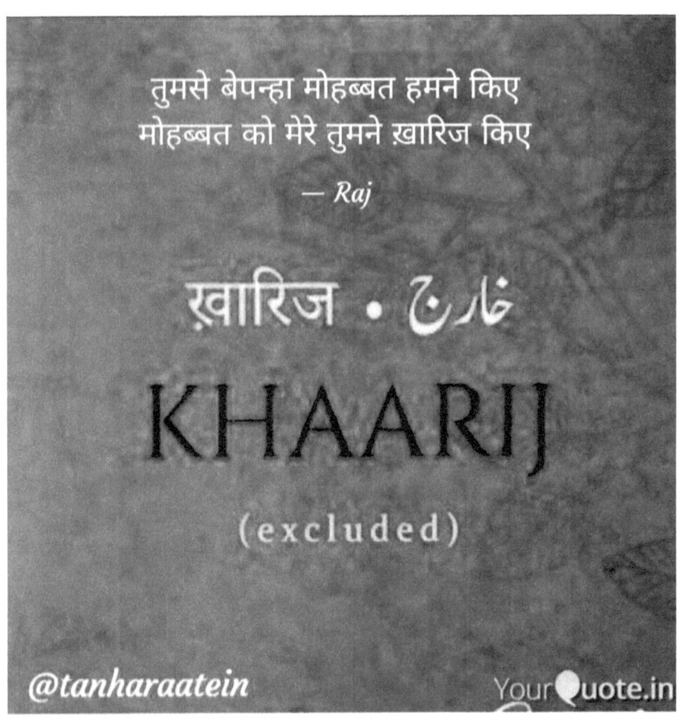

तुमसे बेपन्हा मोहब्बत हमने किए
मोहब्बत को मेरे तुमने ख़ारिज किए

— Raj

ख़ारिज • خارِج

KHAARIJ

(excluded)

@tanharaatein

YourQuote.in

89. मक़सद

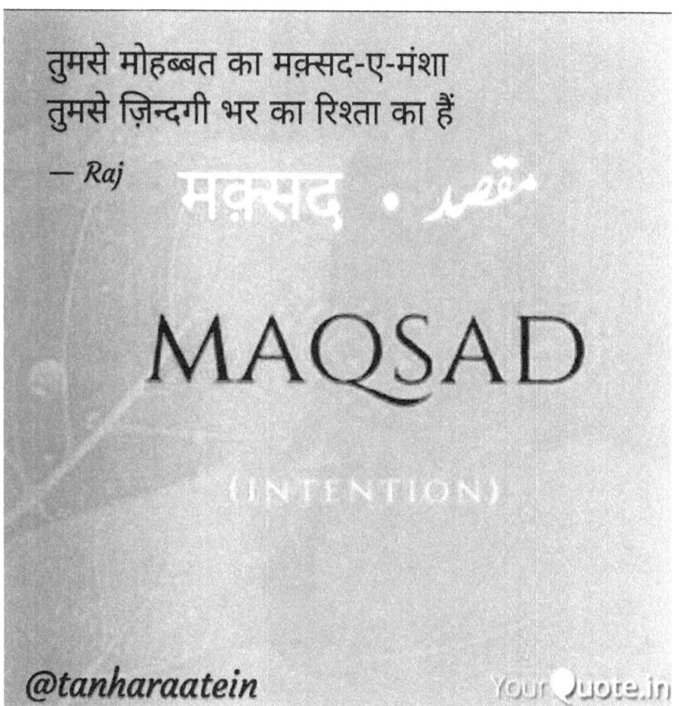

तुमसे मोहब्बत का मक़सद-ए-मंशा
तुमसे ज़िन्दगी भर का रिश्ता का हैं
— Raj
मक़सद
MAQSAD
(INTENTION)
@tanharaatein
YourQuote.in

90. सूद

सूद • سود
Sood
interest,profit
तुमसे प्यार किया था मैंने मगर तुम सूद भी वसूल लिए
अब क्या रह गया है बाकी के तुम हमसे ख़फ़ा हो गए
— Raj
@tanharaatein
YourQuote.in

91. लम्हा

लम्हा
LAMHA
(MINUTE, MOMENT)
वो पल वो लम्हा जो हम साथ गुज़ारें
कितना हँसीन थे वो समा वो मुलाकातें
— Raj
@tanharaatein
YourQuote.in

92. बारान

यह बारान और यह भीगे मौसम
तन मन में आग लगा रहे हैं

— *Raj*

बारान • باران

BAARAAN

(RAIN / बारिश)

93. दाइमी

यह हमारा इश्क़ जो है वो इतने दाइमी है
इसे दुनिया क्या समझेंगी जो क्षणिक है

— Raj

दाइमी . دائمی

Daaimee

(E T E R N A L)

@tanharaatein

94. ज़ुल्फ़

यह रेशम सी ज़ुल्फ़ तुम्हारी और यह सुगंध
मोहब्बत में हमें मदहोश कर बेहोश कर गया

— *Raj*

ज़ुल्फ़ - Z U L F - زلف

(TRESSES)

95. फ़ित्ना

यह सर्दी का मौसम और ठण्ड ढेर सारा
ऐसे मौसम में दिल होता है फ़ित्ना ढेर सारा

— *Raj*

फ़ित्ना - **FITNA** - فتنہ

(EVIL/ MISCHIEF)

96. साकिन

ज़िन्दगी के भाग दौड़ में इस कदर थक चुका हूँ
अब तो मानो ज़िन्दगी साकिन सा हो गया

— *Raj*

साकिन ・ ساکن

Saakin

motionless

@tanharaatein ・ YourQuote.in

97. हिसाब

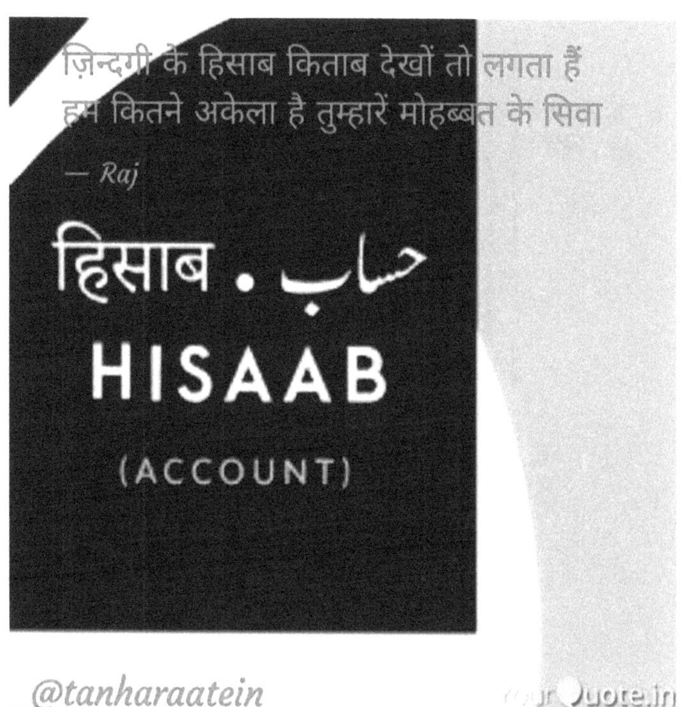
ज़िन्दगी के हिसाब किताब देखों तो लगता हैं
हम कितने अकेला है तुम्हारें मोहब्बत के सिवा
— Raj
हिसाब ۔ حساب
HISAAB
(ACCOUNT)
@tanharaatein
YourQuote.in

98. बाब

ज़िन्दगी के किताब में एक बाब सा बनकर रह गया
तुम बिन ज़िन्दगी मेरा अधूरा सा रह गया

— *Raj*

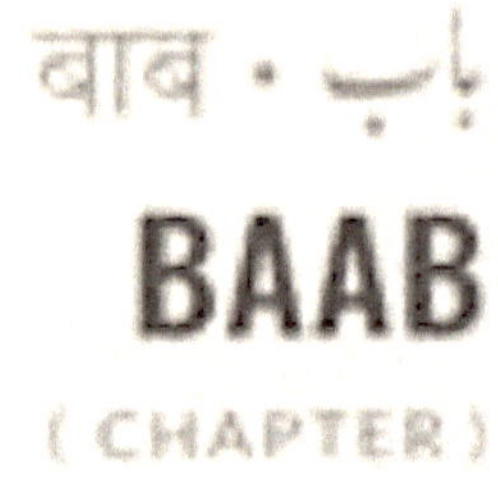

99. यास

यास . یاس

yaas

hopelessness

ज़िन्दगी की राह पर कुछ उम्मीदें थी हमें
हालात को देखता हूँ तो ज़िन्दगी से यास है हमें

— *Raj*

100. इबरत

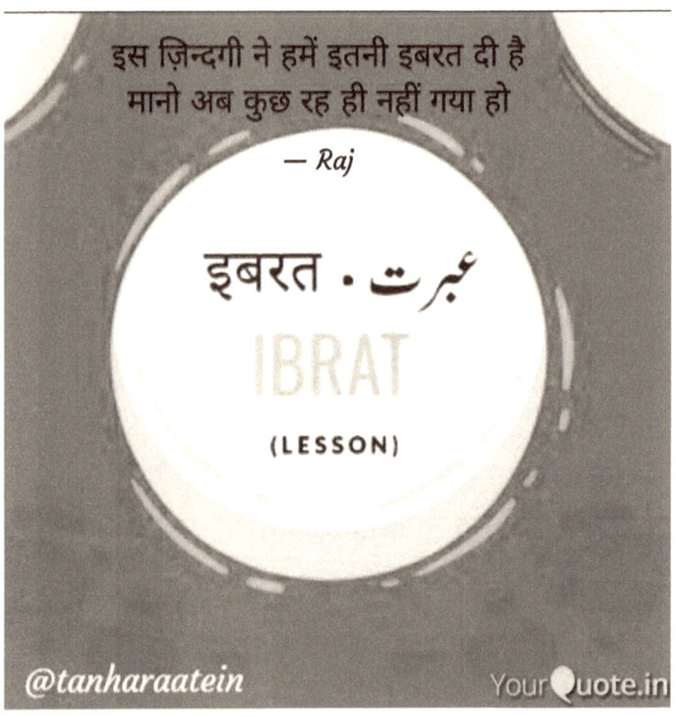

इस ज़िन्दगी ने हमें इतनी इबरत दी है
मानो अब कुछ रह ही नहीं गया हो
— Raj
इबरत ۔ عِبْرَت
IBRAT
(LESSON)
@tanharaatein
YourQuote.in

अस्वीकरण

सभी रचनाएँ कल्पना पर आधारित हैं। इसका लेखक के जीवन या ब्रह्मांड में किसी से कोई लेना-देना नहीं है। सभी लेख काल्पनिक हैं और किसी जीवित या मृत व्यक्ति से कोई समानता नहीं है। यदि कोई समानता है तो यह मात्र संयोग है।

लेखक की जीवनी

श्री के.सी. श्रीराज मेनन, जिनका जन्म केरल के एक संपन्न परिवार में 09 सितंबर 1973 को श्री कोझीपुरथ संकुन्नी मेनन और श्रीमती किज़हारा चालापुरथ सेथुलक्ष्मी मेनन के घर हुआ और महाराष्ट्र में अधिवासित हैं। वह बचपन से ही तेज-तर्रार शायरी करते थे, कहते और भूल जाते थे। एक बार उनके एक करीबी दोस्त ने इस पर गौर किया और उन्हें जो भी कविताएँ या उद्धरण कहते थे, उन्हें लिखने के लिए मजबूर किया और तब से उन्होंने लिखना शुरू कर दिया। उन्होंने अपनी कविताओं और उद्धरणों को अपने और अपने करीबी दोस्तों के पास तब तक सीमित रखा जब तक उन्हें अपने कामों को ऑनलाइन लिखने के लिए एक मंच नहीं मिला। वह Your Quote साइट पर एक सक्रिय लेखक हैं और उन्हें प्रतियोगिता के लिए कई प्रशंसापत्र और प्रमाणपत्र प्राप्त हुए हैं। वह एक बहुभाषी लेखक हैं और उनका लेखन विस्मयकारी है। चाहे वह अंग्रेजी, हिंदी, उर्दू, मलयालम और मराठी हो, वह सभी भाषाओं में उत्कृष्ट है। वह कई दिलचस्प लेखकों के लिए एक बड़ी प्रेरणा भी हैं। वह मुंबई विश्वविद्यालय से स्नातक हैं। वह एक एकाउंटेंट हैं और एक स्व-शिक्षित कंप्यूटर इंजीनियर भी हैं। उनके कौशल शीर्ष पायदान पर हैं और उनके पास कई प्रमाणपत्र हैं। अभिनय, लेखन, पेंटिंग और नृत्य और संगीत सुनना आदि... आदि उनके जुनून हैं।

इ-मेल: shreeraj_m@yahoo.co.uk